Axel Huber · DAS MILLSTÄTTER FASTENTUCH

DAS MILLSTÄTTER FASTENTUCH

12 Szenen aus dem Alten Testament und 29 Szenen aus dem
Neuen Testament,
gemalt von Oswalt KREUSEL anno 1593,
fotografiert, eingeleitet und mit Bibeltexten versehen von Axel Huber

VERLAG JOHANNES HEYN

© by Verlag Johannes Heyn, Klagenfurt 1987
Herstellung: Graphischer Betrieb Carinthia
ISBN 3 85366 526 8

Vorwort

Passionssingen vor dem imposanten Fastentuch in der Pfarrkirche „*Christus Salvator und Allerheiligen*" zählen während der vorösterlichen Fastenzeit zur beschaulichen Gepflogenheit im Oberkärntner Kurort Millstatt.

Wer hat sich bei diesen stimmungsvollen konzertanten Darbietungen noch nicht gewünscht, den einzigartigen Bilderbogen dieser übergroßen *Biblia pauperum* näher in Augenschein zu nehmen. Vor allem die oberen Bilder des monumentalen Werkes entziehen sich völlig einer eingehenden Betrachtung.

Vorgelegter Bildband soll dem Abhilfe schaffen und darüber hinaus einem breiten Publikum die wunderbare Bildwelt des Millstätter Fastentuches erschließen. Eine neuerliche kunstgeschichtliche Würdigung sei Berufeneren überlassen. Doch wird die Kunstgeschichtsforschung insofern Nutzen aus dem Bildmaterial ziehen können, als, was bisher mit keinem Kärntner Fastentuch geschah, alle 41 Bilder des Tuches, unbeschadet ihres teilweise sehr schlechten Erhaltungszustandes, in Farbe reproduziert sind. Für das damit verbundene verlegerische Risiko ist dem Verlag Johannes Heyn zu danken.

Die Gesamtaufnahme des Tuches stammt von Fotomeister Michael Steiner, dem ich dafür ebenso zu danken habe wie Frau Dr. Barbara Kienzl und Dr. Wilhelm Deuer für so manchen Literaturhinweis, Geistlichen Rat Dechant Theodor Mensink in Millstatt und Pater Dietmar Hynek in Gurk sowie meinen geduldigen Helfern beim Fotografieren, Georg Egger vlg. Lamprecht und Gottlieb Strobl.

Seeboden am Millstätter See, im Juni 1987　　　　　　　　　　Axel Huber

Einführung

Ich füll mein Wanst und wasch mein Kragen,
laß Weib und Kind am Hungertuch nagen.
(Hans Sachs 1494–1576)

Treffend bringt der Zweizeiler zum Ausdruck, was am Beginn der Neuzeit von der strengen mittelalterlichen Fastengesinnung übriggeblieben und wie in breiten Volksschichten das Hungertuch als Symbol für die vorösterliche Fastenzeit verwurzelt war.

Was ist nun ein Hunger- bzw. Fastentuch, niederdeutsch *Smachtlappen*, kirchenlateinisch *velum quadragesimale*? Unter einem Fastentuch, um bei der in Kärnten gebräuchlichen Bezeichnung zu bleiben, versteht man allgemein einen Vorhang, der während der vorösterlichen Fastenzeit *(Quadragesima)* aufgehängt wurde, um den Hochaltar, gelegentlich auch Nebenaltäre zu verhüllen. Dieser Brauch läßt sich seit dem Ende des 10. Jahrhunderts nachweisen, wobei das weiße, unverzierte Leinentuch vermutlich am gebräuchlichsten war.

Im Laufe der Jahrhunderte bildeten sich bei der Gestaltung dieses liturgischen Kultgegenstandes regionale Unterschiede. Wir finden einfarbig violette, schwarze, braune sowie farbig gestreifte Tücher mit und ohne Verzierungen. Doch früh schon werden sie mit Bildern geschmückt, die gestickt, gemalt oder appliziert und fallweise mit erklärenden Texten, Inschriften und Wappen versehen sind.

In der einschlägigen Literatur begegnet man für die Verwendung von Fastentüchern verschiedenen Deutungen. Eine oft zitierte geht auf Wilhelm Durandus († 1296) zurück. Er schrieb: „Das Tuch, welches in der Fastenzeit vor dem Altar aufgehängt wird, versinnbildet den Vorhang, der die Bundeslade verhüllte und beim Leiden des Herrn zerriß; nach diesem Vorbild werden heute noch Tücher von mannigfacher Schönheit gewoben."

Andere Autoren bringen das Fastentuch mit der strengen mittelalterlichen Bußordnung in Zusammenhang. Noch im 9. Jahrhundert waren die Büßer von der heiligen Handlung ausgeschlossen und mußten vor der Wandlung die Kirche verlassen. Am Beginn der Fastenzeit sollen sie sogar feierlich aus der Kirche verstoßen worden sein. Das übrige Kirchenvolk bekannte sich durch den Empfang der Asche als Büßer, konnte aber in seiner Gesamtheit nicht aus der Kirche gewiesen werden. Ihm wurde lediglich der Anblick des Allerheiligsten entzogen, wodurch es sich zumindest symbolisch als aus der Kirche ausgestoßen betrachtete. Eine um 1500 gehaltene Predigt betonte, das Fastentuch entziehe den Priester den Blicken der Gläubigen, die, in ihre großen Sünden verstrickt, nicht würdig seien, den zu sehen, der anstelle Christi am Altar stehe.

Kärnten besitzt einen unüberblickbaren Schatz an gotischer Malerei, wobei die vielen Freskenzyklen besonders hervorzuheben sind. An diese Tradition lehnen sich die großen, schachbrettartig gegliederten Fastentücher des 15. und 16. Jahrhunderts an. Sie zeigen eine unterschiedliche Anzahl von Szenen aus der Heilsgeschichte des Alten und des Neuen Testaments. Diese bildhaften Darstellungen aus der Bibel dienten ebenso der Predigt wie der persönlichen Meditation und Erbauung der Gläubigen. Gleich den gefelderten Bildwänden, die sich in so vielen Kärntner Kirchen erhalten haben, gab man damit dem Volke in sehr anschaulicher Art Bibelunterricht.

Das gotische Velum von 1458 im Dom zu Gurk nimmt, sei es nun von Alter, Prächtigkeit und Mannigfaltigkeit seiner Bildmotive, sei es von der Größe her, unter den österreichischen Fastentüchern unbestritten den ersten Rang ein. Auf einer Fläche von zweimal 50 m^2 hat Meister Konrad von Friesach linker Hand 50 Bilder aus dem Alten und rechter Hand 49 Bilder aus dem Neuen Testament dargestellt. Propst Johann Hinderkircher war der Auftraggeber. Die oft zu lesende Annahme, Johann Schallermann, von 1432 bis 1453 Bischof von Gurk, habe in Erinnerung an die in seiner Heimat Westfalen weitverbreiteten Fastentücher das Gurker Tuch angeregt, kann nicht bewiesen werden. Sehr wohl hingegen hat das einzigartige Gurker Tuch anregend und befruchtend auf diesen schönen Brauch in den Ostalpen gewirkt.

An dem reich bestückten und teilweise ausgezeichnet erhaltenen Fundus Kärntner Fastentücher – nur wenige sind in Museen verwahrt – läßt sich gut ihre stilistische Entwicklung in unserem Lande verfolgen.

Das im Jahre 1504 geschaffene Haimburger Tuch ist noch ganz den Bildwänden der Gotik verhaftet. Die Zahl der alt- und neutestamentarischen Bilder hält sich noch die Waage, nur stehen die beiden Bildblöcke bereits übereinander. Die einzelnen Szenen lesen sich wie Zeilen in einem Buche von links nach rechts.

Stilistisch gesehen gilt dasselbe für die Fastentücher von Reichenfels, um 1520 entstanden und seit dem 18. Jahrhundert in St. Leonhard im Lavanttal; Steuerberg, um 1540, jetzt im Diözesanmuseum in Klagenfurt; Maria Bichl, erste Hälfte des 16. Jahrhunderts, derzeit in der Christkönigskirche in Klagenfurt. Die alttestamentarischen Szenen nehmen zahlenmäßig immer mehr ab. Im Baldramsdorfer Tuch von 1555 ist in der Gestaltung einzelner Szenen die Renaissancearchitektur nicht zu übersehen.

Die Periode der großen schachbrettartigen Armenbibel endet mit dem Tuch des Malers Jakob Katzner, das dieser 1629 für die Kirche St. Georg am Sternberg schuf. In weiterer Folge entstehen kleinere Fastentücher, die von einer einzigen formatfüllenden Passionsszene beherrscht werden. Diese verhüllen nur mehr das eigentliche Altarbild. Auch für Seitenaltäre fertigt man sie an, wie zwei prachtvolle Barockexemplare in Metnitz zeigen.

Das Millstätter Fastentuch ist als letzte große kulturelle Leistung des völlig darniederliegenden St.-Georgs-Ritter-Ordens entstanden. Dieser Orden, 1469 von Kaiser Friedrich III. gegründet, mit dem Benediktinerstift Millstatt als Hauptsitz ausgestattet, sollte das Land vor den Raubzügen der Türken schützen. Trotz größter Zuwendungen durch das österreichische Herrscherhaus erfüllten die Ritter zu keiner Zeit diesen Auftrag. Im Jahre 1598 erfolgte die Auflösung des Ordens, der, stark verschuldet, nur mehr aus vier Ordensrittern bestand. Auch den immer weiter um sich greifenden Reformationsgedanken konnten die Georgsritter nicht eindämmen. Die Zahl jener, die das Abendmahl nach katholischem Ritus empfangen haben, war auf einen Bürger und zwölf Bauern gesunken.

Sicher sollte das sehr beeindruckende Fastentuch die Bevölkerung wieder zum vermehrten Kirchenbesuch anregen. In Anbetracht der tristen wirtschaftlichen Lage, in der sich der Orden befand – Einnahmen von 5500 Gulden stehen Schulden von über 20.000 Gulden gegenüber –, wurde mit Hilfe von zwei Gönnern, deren Wappen das Tuch zieren, der in Gurk tätige Dekorationsmaler Oswalt Kreusel gewonnen.

Die Jesuiten, die Millstatt in der Folge übernahmen, haben das Fastentuch nicht nach Graz in ihre Residenz gebracht, wie sie es mit vielen anderen von den Ordensrittern herrührenden Kunstschätzen taten.

Seit Ende des vergangenen Jahrhunderts hat man das Fastentuch wegen der dargestellten Nuditäten nicht mehr verwendet und 1932 nach

Klagenfurt in die neuerbaute Priesterhauskirche überstellt. Vom akademischen Maler Hans Fischer, Wien, restauriert, sollte es dem heranwachsenden Klerus die Schönheit und Bedeutung der Fastentücher vor Augen führen und das Interesse für die Erhaltung dieser selten gewordenen Kunstdenkmäler wecken. Leider hat die mangelhafte Detailplanung der Christkönigskirche in Klagenfurt sichtbare Spuren am kostbaren Tuch hinterlassen. Zum einen erforderte die zu schmal bemessene Altarnische das Einschlagen der seitlichen Ränder, zum anderen ein zu enger Schlitz am Plafond die Zuhilfenahme eines Stockes beim alljährlichen Herablassen des Fastentuches. Der dabei entstandene Bug ist an allen Randbildern, die Stockeinsätze sind in der untersten Bildreihe nicht zu übersehen.

Dank der Bemühungen kunstinteressierter Millstätter Bürger ist das wertvolle Fastentuch 1984 an seinen ursprünglichen Bestimmungsort zurückgekehrt, wo es alljährlich vom Aschermittwoch bis zum Mittwoch der Karwoche vor dem Hochaltar aufgespannt wird.

Vor fast 100 Jahren hat Franz Gustav Hann als erster und bisher einziger eine ausführliche Beschreibung des Millstätter Fastentuchs verfaßt. Aus heutiger Sicht ist das Millstätter Tuch ein höchst gelungener Ausdruck des latent vorhandenen Kunstwollens jener von Glaubenskämpfen zerrütteten Zeit, die sonst so arm an repräsentativen Bildwerken ist. Die Malerei entspricht in stilistischer Hinsicht der lokalen Kärntner Maltradition am Übergang von der Spätgotik zum Frühbarock. Die drastischen Gesichtszüge einzelner Figuren sind noch ganz dem Realismus der Spätgotik verhaftet. Die Renaissance klingt lediglich in der Darstellung der Landschaft und der Architektur an. Einige Bildfelder zeigen Simultandarstellungen, bei denen die Hauptperson einer Szene mehrfach im Bild erscheint, ein Stilmittel, das schon bei frühchristlichen Bildern Anwendung findet. Zweifellos liegt in der Gesamtwirkung seiner Bilder der hohe Wert des Millstätter Fastentuches. Ein würdiger Schlußpunkt mittelalterlicher Monumentalmalerei.

Der Maler...

swalt Kreusel, der „Mann im Kreis" (= Kreisel), wie er sich selbst höchst originell porträtiert hat, tritt erstmals im Bürgeraufnahmeprotokoll der Stadt St. Veit an der Glan im Jahre 1583 urkundlich in Erscheinung. Wenig später begegnen wir dem Meister in Gurk. Dort schmückte er mit Schweifgrotesken den Gewölbescheitel im Mittelschiff des Domes. Die Selbstdarstellung mit der lateinischen Inschrift H. P. A. D. „Hier malte im Jahre des Herrn (1591)" befindet sich über der Orgelempore. Im selben Jahr, als er das Millstätter Tuch mit Renaissance – Kapitalis „Oswalt Krevsel · V · S · 1593 HK" signierte (Bildtafel 33), dekorierte er auch den ehemaligen Archivraum des Gurker Stiftes mit floraler Malerei, Wappen und Inschriften. Weitere Arbeiten Kreusels wie Altartafeln für die Elendkapelle des abgekommenen Siechenhauses, Ausmalung der oberen Sakristei, Friedhoffiguren, ein Hahn auf dem Glockenturm und eine Sonnenuhr sind in Gurk bezeugt.

... und sein Werk

Nebenstehende Gesamtaufnahme des Millstätter Fastentuches zeigt auf nahezu 50 m² Leinwand 41 mit Leimfarben gemalte Einzelbilder. Das über 8,6 Meter lange und 5,6 Meter breite Tuch gliedert sich in sieben übereinanderstehende Bildreihen zu je sechs Bildfeldern. In drei Zweierreihen unterteilt, sieht man Bilder aus dem Alten Testament, Begebenheiten aus dem Leben Jesu sowie seiner Passion. Die letzte und somit unterste Reihe ist seiner glorreichen Auferstehung und Himmelfahrt vorbehalten und schließt mit der zwei Bildfelder einnehmenden Darstellung des Jüngsten Gerichts. Fast alle dargestellten Motive lassen sich auf Werke von Albrecht Dürer zurückführen.

Die Schöpfung
(1. Mose 1, 1–2; 16; 25)

Am Anfang schuf Gott Himmel und Erde. Und die Erde war wüst und leer, und es war finster auf der Tiefe; und der Geist Gottes schwebte auf dem Wasser.

Und Gott machte zwei große Lichter: ein großes Licht, das den Tag regiere, und ein kleines Licht, das die Nacht regiere, dazu auch die Sterne.

Und Gott machte die Tiere des Feldes, ein jedes nach seiner Art, und das Vieh nach seiner Art und alles Gewürm des Erdbodens nach seiner Art.

Wappen: Österreichischer Bindenschild

Die Erschaffung des Menschen
(1. Mose 2, 7; 18)

Und Gott der Herr sprach: „Es ist nicht gut, daß der Mensch allein sei; ich will ihm eine Gehilfin machen, die um ihn sei."

───────•●•───────

Da machte Gott der Herr den Menschen aus Erde vom Acker und blies ihm den Odem des Lebens in seine Nase.

Der Sündenfall
(1. Mose 3, 6–7; 19; 24)

Und das Weib sah, daß von dem Baum gut zu essen wäre und daß er eine Lust für die Augen wäre und verlockend, weil er klug machte. Und sie nahm von der Frucht und aß und gab ihrem Mann, der bei ihr war, auch davon, und er aß. Da wurden ihnen beiden die Augen aufgetan, und sie wurden gewahr, daß sie nackt waren.

Da sprach Gott der Herr: „Im Schweiße deines Angesichts sollst du dein Brot essen, bis du wieder zu Erde werdest, davon du genommen bist. Denn du bist Erde und sollst zu Erde werden."

Und er trieb den Menschen hinaus und ließ lagern vor dem Garten Eden die Cherubim mit dem flammenden, blitzenden Schwert, zu bewachen den Weg zu dem Baum des Lebens.

Kain und Abel
(1. Mose 4, 1–8)

Und Adam erkannte sein Weib Eva, und sie ward schwanger und gebar den Kain und sprach: „Ich habe einen Mann gewonnen mit Hilfe des Herrn." Danach gebar sie Abel, seinen Bruder. Und Abel wurde ein Schäfer, Kain aber wurde ein Ackermann. Es begab sich aber nach etlicher Zeit, daß Kain dem Herrn Opfer brachte von den Früchten des Feldes. Und auch Abel brachte von den Erstlingen seiner Herde und von ihrem Fett. Und der Herr sah gnädig an Abel und sein Opfer, aber Kain und sein Opfer sah er nicht gnädig an. Da ergrimmte Kain sehr und senkte finster seinen Blick. Da sprach der Herr zu Kain: „Warum ergrimmst du? Und warum senkst du deinen Blick? Ist's nicht also? Wenn du fromm bist, so kannst du frei den Blick erheben. Bist du aber nicht fromm, so lauert die Sünde vor der Tür, und nach dir hat sie Verlangen; du aber herrsche über sie." Da sprach Kain zu seinem Bruder Abel: „Laß uns aufs Feld gehen!" Und es begab sich, als sie auf dem Felde waren, erhob sich Kain wider seinen Bruder Abel und schlug ihn tot.

Die Sintflut
(1. Mose 7, 19–24)

Und die Wasser nahmen überhand und wuchsen so sehr auf Erden, daß alle hohen Berge unter dem ganzen Himmel bedeckt wurden. Fünfzehn Ellen hoch gingen die Wasser über die Berge, so daß sie ganz bedeckt wurden. Da ging alles Fleisch unter, das sich auf Erden regte, an Vögeln, an Vieh, an wildem Getier und an allem, was da wimmelte auf Erden, und alle Menschen. Alles, was Odem des Lebens hatte auf dem Trockenen, das starb. So wurde vertilgt alles, was auf dem Erdboden war, vom Menschen an bis hin zum Vieh und zum Gewürm und zu den Vögeln unter dem Himmel; das wurde alles von der Erde vertilgt. Allein Noah blieb übrig und was mit ihm in der Arche war. Und die Wasser wuchsen gewaltig auf Erden hundertundfünfzig Tage.

Noah
(1. Mose 9, 12–14; 20–23)

Und Gott sprach: „Das ist das Zeichen des Bundes, den ich geschlossen habe zwischen mir und euch und allem lebendigen Getier bei euch auf ewig: Meinen Bogen habe ich in die Wolken gesetzt; der soll das Zeichen sein des Bundes zwischen mir und der Erde. Und wenn es kommt, daß ich Wetterwolken über die Erde führe, so soll man meinen Bogen sehen in den Wolken."

―――――――――

Noah aber, der Ackermann, pflanzte als erster einen Weinberg. Und da er von dem Wein trank, ward er trunken und lag im Zelt aufgedeckt. Als nun Ham, Kanaans Vater, seines Vaters Blöße sah, sagte er's seinen beiden Brüdern draußen. Da nahmen Sem und Japheth ein Kleid und legten es auf ihrer beider Schultern und gingen rückwärts hinzu und deckten ihres Vaters Blöße zu; und ihr Angesicht war abgewandt, damit sie ihres Vaters Blöße nicht sähen.

Wappen: Herzog Domitian, sagenhafter Gründer der Millstätter Kirche

Die Opferung Isaaks
(1. Mose 22, 9–13)

Und als sie an die Stätte kamen, die ihm Gott gesagt hatte, baute Abraham dort einen Altar und legte das Holz darauf und band seinen Sohn Isaak, legte ihn auf den Altar oben auf das Holz und reckte seine Hand aus und faßte das Messer, daß er seinen Sohn schlachtete. Da rief ihn der Engel des Herrn vom Himmel und sprach: „Abraham! Abraham!" Er antwortete: „Hier bin ich." Er sprach: „Lege deine Hand nicht an den Knaben und tu ihm nichts; denn nun weiß ich, daß du Gott fürchtest und hast deines einzigen Sohnes nicht verschont um meinetwillen." Da hob Abraham seine Augen auf und sah einen Widder hinter sich in der Hecke mit seinen Hörnern hängen und ging hin und nahm den Widder und opferte ihn zum Brandopfer an seines Sohnes Statt.

Der Untergang der Ägypter im Roten Meer
(2. Mose 14, 26–28)

Aber der Herr sprach zu Mose: „Recke deine Hand aus über das Meer, daß das Wasser wiederkomme und herfalle über die Ägypter, über ihre Wagen und Männer." Da reckte Mose seine Hand aus über das Meer, und das Meer kam gegen Morgen wieder in sein Bett, und die Ägypter flohen ihm entgegen. So stürzte der Herr sie mitten ins Meer. Und das Wasser kam wieder und bedeckte Wagen und Männer, das ganze Heer des Pharao, das ihnen nachgefolgt war ins Meer, so daß nicht einer von ihnen übrigblieb.

Die eherne Schlange
(4. Mose 21, 4–9)

Da brachen sie auf von dem Berge Hor in Richtung auf das Schilfmeer, um das Land der Edomiter zu umgehen. Und das Volk wurde verdrossen auf dem Wege und redete wider Gott und wider Mose: „Warum hast du uns aus Ägypten geführt, daß wir sterben in der Wüste? Denn es ist kein Brot noch Wasser hier, und uns ekelt vor dieser mageren Speise." Da sandte der Herr feurige Schlangen unter das Volk; die bissen das Volk, daß viele aus Israel starben. Da kamen sie zu Mose und sprachen: „Wir haben gesündigt, daß wir wider den Herrn und wider dich geredet haben. Bitte den Herrn, daß er die Schlangen von uns nehme." Und Mose bat für das Volk. Da sprach der Herr zu Mose: „Mache dir eine eherne Schlange und richte sie an einer Stange hoch auf. Wer gebissen ist und sieht sie an, der soll leben." Da machte Mose eine eherne Schlange und richtete sie hoch auf. Und wenn jemanden eine Schlange biß, so sah er die eherne Schlange an und blieb leben.

Simson
(Richter 14, 5–6; 16, 1–3)

So ging Simson hinab mit seinem Vater und seiner Mutter nach Timna. Und als sie kamen an die Weinberge von Timna, siehe, da kam ein junger Löwe brüllend ihm entgegen. Und der Geist des Herrn geriet über ihn, und er zerriß ihn, wie man ein Böcklein zerreißt, und hatte doch gar nichts in seiner Hand.

Simson ging nach Gaza und sah dort eine Hure und ging zu ihr. Da wurde den Gazitern gesagt: Simson ist hierhergekommen! Und sie umstellten ihn und ließen auf ihn lauern am Stadttor; aber die ganze Nacht verhielten sie sich still und dachten: Morgen, wenn's licht wird, wollen wir ihn umbringen. Simson aber lag bis Mitternacht. Da stand er auf um Mitternacht und ergriff beide Torflügel am Stadttor samt den beiden Pfosten, hob sie aus mit den Riegeln und legte sie auf seine Schultern und trug sie hinauf auf die Höhe des Berges vor Hebron.

David und Goliath
(1. Sam. 17, 48–51)

Als sich nun der Philister aufmachte und daherging und sich David nahte, lief David eilends von der Schlachtreihe dem Philister entgegen. Und David tat seine Hand in die Hirtentasche und nahm einen Stein daraus und schleuderte ihn und traf den Philister an die Stirn, daß der Stein in seine Stirn fuhr und er zur Erde fiel auf sein Angesicht. So überwand David den Philister mit Schleuder und Stein und traf und tötete ihn. David aber hatte kein Schwert in seiner Hand. Da lief er hin und trat zu dem Philister und nahm dessen Schwert und zog es aus der Scheide und tötete ihn vollends und hieb ihm den Kopf damit ab. Als aber die Philister sahen, daß ihr Stärkster tot war, flohen sie.

Jona
(Jona 2, 1–11)

Aber der Herr ließ einen großen Fisch kommen, Jona zu verschlingen. Und Jona war im Leibe des Fisches drei Tage und drei Nächte. Und Jona betete zu dem Herrn, seinem Gott, im Leibe des Fisches und sprach: „Ich rief zu dem Herrn in meiner Angst, und er antwortete mir. Ich schrie aus dem Rachen des Todes, und du hörtest meine Stimme. Du warfest mich in die Tiefe, mitten ins Meer, daß die Fluten mich umgaben. Alle deine Wogen und Wellen gingen über mich, daß ich dachte, ich wäre von deinen Augen verstoßen, ich würde deinen heiligen Tempel nicht mehr sehen. Wasser umgaben mich und gingen mir ans Leben, die Tiefe umringte mich, Schilf bedeckte mein Haupt. Ich sank hinunter zu der Berge Gründen, der Erde Riegel schlossen sich hinter mir ewiglich. Aber du hast mein Leben aus dem Verderben geführt, Herr, mein Gott! Als meine Seele in mir verzagte, gedachte ich an den Herrn, und mein Gebet kam zu dir in deinen heiligen Tempel. Die sich halten an das Nichtige, verlassen ihre Gnade. Ich aber will mit Dank dir Opfer bringen. Meine Gelübde will ich erfüllen dem Herrn, der mir geholfen hat." Und der Herr sprach zu dem Fisch, und der spie Jona aus ans Land.

Verkündigung der Geburt Jesu
(Luk. 1, 26–31)

Im sechsten Monat darauf wurde der Engel Gabriel von Gott gesandt in eine Stadt in Galiläa namens Nazareth zu einer Jungfrau, die mit einem Manne namens Joseph verlobt war, aus dem Hause Davids; der Name der Jungfrau war Maria. Und der Engel trat bei ihr ein und sprach: „Gegrüßet seist du, voll der Gnade, der Herr ist mit dir." Sie aber erschrak über diese Rede und dachte nach, was für ein Gruß das wäre. Da sprach der Engel zu ihr: „Fürchte dich nicht, Maria; denn du hast Gnade gefunden bei Gott. Siehe, du wirst empfangen und einen Sohn bekommen; den sollst du Jesus nennen..."

Inschrift: [ave · gracia · pl]ena. domi[nu]s · te[cum]
(Luk. 1, 28)

Die Geburt Jesu
(Luk. 2, 1–7)

In jenen Tagen erging von Kaiser Augustus ein Befehl, alle Untertanen des Reiches (in die Steuerlisten) aufzuschreiben. Diese Aufschreibung war die erste unter Quirinius, dem Statthalter von Syrien. Da gingen nun alle, um sich eintragen zu lassen, jeder in seinen Heimatort. Auch Joseph reiste von Galiläa aus der Stadt Nazareth hinauf nach Judäa in die Davidsstadt Bethlehem – er stammte nämlich aus dem Hause und dem Geschlechte Davids –, um sich mit Maria, seinem verlobten Weibe, die ihrer Stunde entgegensah, aufschreiben zu lassen. Als sie dort waren, erfüllte sich ihre Stunde, und sie gab ihrem erstgeborenen Sohn das Leben, wickelte ihn in Windeln und legte ihn in eine Krippe, da in der Herberge für sie kein Platz war.

Die Beschneidung Jesu
(Luk. 2, 21)

Acht Tage darauf wurde das Kind beschnitten, und es wurde ihm der Name Jesus gegeben, wie es schon vor seiner Empfängnis von dem Engel genannt worden ist.

Die Anbetung der Hl. Drei Könige
(Matth. 2, 1–4)

Als Jesus in den Tagen des Königs Herodes zu Bethlehem in Judäa geboren war, siehe, da kamen Weise aus dem Morgenlande nach Jerusalem und sprachen: „Wo ist der geborene König der Juden? Denn wir haben seinen Stern im Morgenlande gesehen und sind gekommen, ihn anzubeten."

Der Kindermord in Bethlehem
(Matth. 2, 13–16)

Als sie aber fortgezogen waren, siehe, da erscheint im Traum dem Joseph ein Engel des Herrn und spricht: „Steh auf, nimm das Knäblein und seine Mutter, flieh nach Ägypten und bleib dort, bis ich es dir sage; denn Herodes will das Knäblein aufsuchen lassen, um es zu ermorden." Er aber stand auf, nahm in der Nacht das Kind und seine Mutter, zog fort nach Ägypten und blieb dort bis zum Tode des Herodes.

Als dann Herodes sah, daß er von den Weisen hintergangen worden war, wurde er über alle Maßen zornig, und er schickte Leute aus und ließ in Bethlehem und in dessen ganzem Bereich alle Knaben töten, die zwei Jahre alt und jünger waren.

Der zwölfjährige Jesus lehrt im Tempel
(Luk. 2, 41–52)

Alljährlich pilgerten seine Eltern nach Jerusalem hinauf zum Osterfest. So gingen sie denn auch, als Jesus zwölf Jahre alt war, dem Festgebrauch gemäß hinauf. Wie sie nun, als die Festtage vorüber waren, sich auf den Heimweg machten, blieb der Jesusknabe in Jerusalem zurück, ohne daß es seine Eltern wußten. Sie meinten, er sei bei der Reisegesellschaft, legten eine Tagreise zurück und suchten ihn bei den Verwandten und Bekannten. Wie sie ihn aber da nicht fanden, kehrten sie nach Jerusalem zurück und suchten ihn dort. Nach drei Tagen fanden sie ihn im Tempel. Er saß mitten unter den Lehrern, hörte ihnen zu und fragte sie. Alle, die ihn hörten, staunten über seine Einsicht und seine Antworten. Als sie ihn sahen, wunderten sie sich, und seine Mutter sprach zu ihm: „Kind, warum hast du uns das getan? Siehe, dein Vater und ich haben dich mit Schmerzen gesucht." Da antwortete er ihnen: „Warum habt ihr mich gesucht? Wußtet ihr nicht, daß ich in dem sein muß, was meines Vaters ist?" Doch sie verstanden nicht das Wort, das er da zu ihnen sprach. Nun zog er mit ihnen hinab und kam nach Nazareth, und er war ihnen untertan. Seine Mutter aber bewahrte all das in ihrem Herzen. Und Jesus nahm zu an Weisheit und Alter und Anmut vor Gott und Menschen.

Die Taufe Jesu im Jordan
(Mark. 1, 9–11)

In jenen Tagen kam denn Jesus von Nazareth in Galiläa und ließ sich von Johannes im Jordan taufen. Und sogleich, da er aus dem Wasser heraufstieg, sah er, wie sich der Himmel spaltete und der Geist gleich einer Taube auf ihn herabschwebte. Und eine Stimme aus dem Himmel erscholl: „Du bist mein geliebter Sohn; an dir habe ich mein Wohlgefallen."

Wappen: Millstatt

Die Hochzeit zu Kana
(Joh. 2, 1–11)

Am dritten Tage war eine Hochzeit zu Kana in Galiläa, an der die Mutter Jesu teilnahm. Aber auch Jesus und seine Jünger waren zur Hochzeit geladen. Als der Wein ausging, sagte die Mutter Jesu zu ihm: „Sie haben keinen Wein mehr." Jesus antwortete ihr: „Frau, was hast du mit mir? Meine Stunde ist noch nicht gekommen." Seine Mutter sagte dann zu den Dienern: „Tut, was er euch sagt." Nun standen dort sechs steinerne Wasserkrüge, wie es die Sitte der jüdischen Reinigung verlangte. Jeder von ihnen faßte zwei bis drei Maß. Jesus sagte zu ihnen: „Füllt die Krüge mit Wasser!" Sie füllten sie bis zum Rande. Dann sagte er zu ihnen: „Schöpft nun und bringt es dem Speisemeister." Sie brachten es hin. Der Speisemeister kostete nun das Wasser, das zu Wein geworden war. Er wußte aber nicht, woher der Wein kam. Nur die Diener, die das Wasser geschöpft hatten, wußten es. Der Speisemeister ließ den Bräutigam rufen und sagte zu ihm: „Jedermann setzt zuerst den guten Wein vor und dann, wenn die Gäste trunken sind, den geringeren. Du hast den guten Wein bis jetzt aufgehoben." So machte Jesus zu Kana in Galiläa den Anfang der Wunder. Er offenbarte dadurch seine Herrlichkeit, und seine Jünger glaubten an ihn.

Die Versuchung Jesu
(Luk. 4, 1–13)

Jesus aber, Heiligen Geistes voll, verließ den Jordan und wurde, vom Geiste vierzig Tage in der Wüste geleitet, vom Teufel versucht. Er aß nichts in jenen Tagen, und als sie vorüber waren, hatte er Hunger. Da sprach der Teufel zu ihm: „Wenn du der Gottessohn bist, so sage dem Steine da, er solle Brot werden." Jesus erwiderte ihm: „Es steht (5 Mos. 8, 3) geschrieben: Nicht vom Brote allein soll der Mensch leben [sondern von jedem Worte Gottes]." Und der Teufel führte ihn empor [auf einen hohen Berg] und zeigte ihm in einem Augenblick alle Reiche der Welt. Und der Teufel sprach zu ihm: „All diese Macht und all diese Pracht will ich dir geben; denn mir ist sie übergeben, und ich gebe sie, wem ich will; wenn du nun mich anbetest, soll sie ganz dein eigen sein." Da nahm Jesus das Wort und sprach: „Es steht (5 Mos. 6, 13) geschrieben: Den Herrn, deinen Gott, sollst du anbeten und ihm allein dienen." Da führte er ihn nach Jerusalem, stellte ihn auf die Zinne des Tempels und sprach: „Wenn du der Gottessohn bist, so stürze dich von da hinab; steht doch (Ps. 90, 11f.) geschrieben: Deinetwegen hat er seinen Engeln Befehl gegeben, dich zu schützen, und sie werden dich auf Händen tragen, daß du nicht deinen Fuß anstoßest an einen Stein." Jesus antwortete ihm: „Es ist (5 Mos. 6, 16) auch gesagt: Du sollst den Herrn, deinen Gott, nicht versuchen." Als der Teufel alle Versuchung vollendet hatte, stand er von ihm ab bis zu gelegener Zeit.

Die Speisung der Fünftausend
(Luk. 9, 10–17)

Die Apostel kehrten zurück und erzählten ihm alles, was sie getan hatten. Da nahm er sie und zog sich zurück abseits nach einer Stadt, Bethsaida genannt. Die Leute aber merkten es und zogen ihm nach. Er nahm sie auch auf und erzählte ihnen vom Reiche Gottes und heilte, die der Heilung bedürftig waren. Schon begann der Tag sich zu neigen, da traten die Zwölf zu ihm und sprachen: „Entlaß die Leute, damit sie in die umliegenden Dörfer und Gehöfte gehen, um sich Obdach und Speise zu suchen; denn hier sind wir in der Öde." Doch er sprach zu ihnen: „Gebt ihr ihnen zu essen!" Da sagten sie: „Wir haben ja nicht mehr als fünf Brote und zwei Fische; wir müßten denn gerade hingehen und Speise kaufen für all das Volk." Es waren nämlich beiläufig fünftausend Mann. Er aber sprach zu seinen Jüngern: „Laßt sie sich lagern in Gruppen zu fünfzig." Sie taten so und ließen alle sich lagern. Er aber nahm die fünf Brote und die zwei Fische, blickte zum Himmel auf, segnete und brach sie und gab sie den Jüngern, um sie dem Volke vorzulegen. Und alle aßen und wurden satt; ja, man hob noch zwölf Körbe voll Stücklein auf, die übriggeblieben waren.

Der Einzug Jesu in Jerusalem
(Luk. 19, 28–40)

Nach diesen Worten schritt er weiter voran, hinauf nach Jerusalem. Als er in die Nähe von Bethphage und Bethanien am Ölberg kam, sandte er zwei von seinen Jüngern ab mit den Worten: „Geht in das Dorf da drüben; wenn ihr hineinkommt, werdet ihr ein Füllen angebunden finden, auf dem noch kein Mensch gesessen hat. Bindet es los und bringt es her. Und sollte jemand euch fragen: Warum bindet ihr es los? so bemerkt nur: Der Herr bedarf seiner." Die Abgesandten gingen hin und fanden es, wie er ihnen gesagt hatte. Als sie das Füllen losbanden, sagte zu ihnen dessen Eigentümer: „Warum bindet ihr denn das Füllen los?" Da erwiderten sie: „Der Herr bedarf seiner." So brachten sie das Füllen zu Jesus, und sie legten ihre Kleider darüber und setzten Jesus darauf. Als er aber weiterzog, breiteten sie ihre Kleider auf den Weg. Schon näherte er sich dem Abhang des Ölbergs, da fing die ganze Schar der Jünger an, frohlockend mit lauter Stimme Gott zu loben um all der Wundertaten willen, die sie gesehen hatten. Sie sprach: „Gebenedeit sei, der da kommt, der König, im Namen des Herrn! Friede im Himmel! Herrlichkeit in der Höhe!" Da sagten einige Pharisäer aus der Volksmenge heraus zu ihm: „Meister, verbiete das deinen Jüngern!" „Ich sage euch", entgegnete er, „wenn diese schweigen, werden die Steine rufen."

Die Tempelreinigung
(Matth. 21, 12–17)

Und Jesus trat in den Tempel Gottes, trieb alle hinaus, die im Tempel kauften und verkauften, warf die Tische der Geldwechsler und die Stände der Taubenhändler um und sprach: „Es steht *(Is. 56,7; Jer. 7,11)* geschrieben: ‚Mein Haus soll ein Bethaus heißen; ihr aber macht es zu einer Räuberhöhle.'" Da kamen zu ihm im Tempel Blinde und Lahme, und er heilte sie. Als aber die Hohenpriester und die Schriftgelehrten die Wunder sahen, die er wirkte, und wie die Kinder im Tempel riefen: „Hosanna dem Sohne Davids!" – wurden sie unwillig und sprachen zu ihm: „Hörst du, was die da rufen?" Jesus antwortete: „Ja, gewiß; habt ihr denn noch nie *(Ps. 8,3)* gelesen: Durch den Mund von Unmündigen und Säuglingen hast du Lob bereitet?" Und er ließ sie stehen und ging aus der Stadt hinaus nach Bethanien und übernachtete dort.

Wappen: St.-Georgs-Ritter-Orden

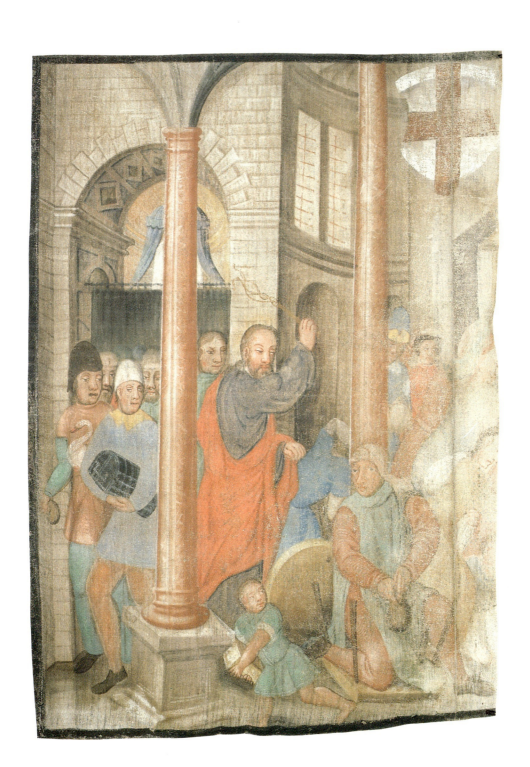

Das Abendmahl
(Luk. 22, 14–18)

Als die Stunde kam, setzte er sich zu Tische und die zwölf Apostel mit ihm. Da sagte er zu ihnen: „Mit großer Sehnsucht habe ich verlangt, vor meinem Leiden dieses Ostermahl mit euch zu essen. Denn ich sage euch: Ich werde es nicht mehr essen, bis es seine Erfüllung findet im Reiche Gottes." Dann nahm er seinen Kelch, dankte und sagte: „Nehmt ihn und verteilt ihn unter euch. Denn ich sage euch: Von jetzt an werde ich nicht mehr von dem Erzeugnis des Weinstockes trinken, bis das Reich Gottes kommt."

Am Ölberg
(Luk. 22, 40–46)

Als er an den Ort kam, sagte er zu ihnen: „Betet, daß ihr nicht in Versuchung fallet." Dann entfernte er sich etwa einen Steinwurf weit von ihnen, kniete nieder und betete: „Vater, wenn du willst, so nimm diesen Kelch von mir. Doch nicht mein, sondern dein Wille geschehe." Da erschien ihm ein Engel vom Himmel und stärkte ihn. Nun geriet er in Todesangst und betete noch inständiger. Sein Schweiß wurde wie Blutstropfen, die zur Erde rannen. Jetzt erhob er sich vom Gebete, ging zu seinen Jüngern und fand sie vor Traurigkeit eingeschlafen. Er sagte zu ihnen: „Warum schlafet ihr? Steht auf und betet, daß ihr nicht in Versuchung fallet."

Die Gefangennahme
(Luk. 22, 47–53)

Während er noch redete, da erschien eine Rotte. Einer von den Zwölfen namens Judas ging voraus. Er trat auf Jesus zu und küßte ihn. Jesus sagte zu ihm: „Judas, mit einem Kusse verrätst du den Menschensohn?" Als nun die Begleiter Jesu sahen, was geschehen sollte, sagten sie: „Herr, sollen wir mit dem Schwerte dreinschlagen?" Und einer von ihnen schlug nach einem Knechte des Hohenpriesters und hieb ihm das rechte Ohr ab. Doch Jesus sagte: „Laßt es hiermit genug sein!" Dann rührte er daß Ohr an und heilte es. Zu den Hohenpriestern aber, den Hauptleuten der Tempelwache und den Ältesten, die an ihn herangetreten waren, sagte er: „Wie gegen einen Räuber seid ihr mit Schwertern und Knütteln ausgezogen. Tag für Tag war ich bei euch im Tempel, und ihr habt nicht Hand an mich gelegt. Aber dies ist eure Stunde und die Macht der Finsternis."

Jesus vor Kaiphas und dem Hohen Rate
(Mark. 14, 53; 54, 66–68)

Nun führten sie Jesus zum Hohenpriester, bei dem sich alle Hohenpriester, Ältesten und Schriftgelehrten versammelten.

―――――――――・●・―――――――――

Petrus folgte ihm von ferne bis in den inneren Hof des Hohenpriesters. Dort setzte er sich unter die Diener und wärmte sich am Feuer. Während Petrus unten im Hofe war, kam eine von den Mägden des Hohenpriesters. Als sie Petrus sich wärmen sah, schaute sie ihn an und sagte: „Du warst auch bei dem Nazarener Jesus." Er leugnete und sagte: „Ich weiß nicht und verstehe nicht, was du sagst." Dann ging er hinaus in den Vorhof. Da krähte der Hahn.

Jesus vor Pilatus
(Joh. 18, 28–38)

Nun führte man Jesus von Kaiphas in das Gerichtsgebäude. Es war früh am Morgen. Sie selbst gingen nicht in das Gebäude hinein, um sich nicht zu verunreinigen und das Osterlamm essen zu können. Daher kam Pilatus zu ihnen heraus und fragte sie: „Welche Anklage erhebt ihr gegen diesen Menschen?" Sie antworteten ihm: „Wenn der kein Übeltäter wäre, so hätten wir ihn dir nicht überliefert." Da sagte Pilatus zu ihnen: „Nehmt ihr ihn und richtet ihn nach eurem Gesetze." Die Juden antworteten ihm: „Wir haben kein Recht, jemand zu töten." So sollte sich das Wort erfüllen, das er gesagt hatte, um anzudeuten, auf welche Weise er sterben müsse. Pilatus ging wieder in das Gebäude hinein, ließ Jesus rufen und fragte ihn: „Bist du der König der Juden?" Jesus antwortete: „Sagst du das aus dir selbst, oder haben es dir andere von mir berichtet?" Pilatus antwortete: „Bin ich denn ein Jude? Dein Volk und die Hohenpriester haben dich mir überliefert. Was hast du getan?" Jesus antwortete: „Mein Reich ist nicht von dieser Welt. Wäre mein Reich von dieser Welt, so würden wohl meine Diener gekämpft haben, daß ich nicht den Juden überliefert worden wäre. Aber mein Reich ist nicht von hier." Da sagte Pilatus zu ihm: „Du bist also doch ein König?" Jesus antwortete: „Ja, ich bin ein König. Ich bin dazu geboren und dazu in die Welt gekommen, um der Wahrheit Zeugnis zu geben. Jeder, der aus der Wahrheit ist, hört meine Stimme." Pilatus entgegnete ihm: „Was ist Wahrheit?"

Jesus vor Herodes Antipas
(Luk. 23, 6–12)

Als Pilatus das hörte, fragte er, ob der Mann aus Galiläa sei. Als er erfuhr, er sei aus dem Gebiete des Herodes, schickte er ihn zu Herodes, der auch in diesen Tagen in Jerusalem weilte. Herodes freute sich sehr, als er Jesus sah. Denn er hätte ihn schon längst gerne gesehen, weil er viel von ihm gehört hatte und ein Wunder von ihm zu sehen hoffte. So richtete er denn allerlei Fragen an ihn, aber Jesus gab ihm keine Antwort. Die Hohenpriester und Schriftgelehrten standen dabei und klagten ihn leidenschaftlich an. Da verhöhnte und verspottete ihn Herodes mit seinen Soldaten. Er ließ ihm ein weißes Gewand anziehen und schickte ihn zu Pilatus zurück. An diesem Tage wurden Herodes und Pilatus Freunde miteinander, während sie vordem in Feindschaft gegeneinander gelebt hatten.

Die Geißelung und Dornenkrönung
(Matth. 27, 27–30)

Da führten die Soldaten des Landpflegers Jesus in das Gerichtsgebäude und versammelten die ganze Abteilung um ihn. Sie entkleideten ihn und legten ihm einen Purpurmantel um. Dann flochten sie eine Dornenkrone, setzten sie ihm aufs Haupt und gaben ihm ein Rohr in seine rechte Hand. Nun beugten sie das Knie vor ihm und verspotteten ihn mit den Worten: „Sei gegrüßt, König der Juden!" Sie spieen ihn an, nahmen das Rohr und schlugen ihn damit aufs Haupt.

Ecce-Homo
(Joh. 19, 4–8)

Pilatus ging wieder hinaus und sagte zu ihnen: „Seht, ich führe ihn zu euch heraus, damit ihr einsehet, daß ich keinerlei Schuld an ihm finde." Da kam Jesus heraus und trug die Dornenkrone und den Purpurmantel. Pilatus sagte zu ihnen: „Seht, welch ein Mensch!" Als nun die Hohenpriester und ihre Diener ihn sahen, schrieen sie: „Ans Kreuz mit ihm, ans Kreuz!" Pilatus entgegnete ihnen: „Nehmt ihr ihn und kreuzigt ihn, denn ich finde keine Schuld an ihm." Die Juden antworteten ihm: „Wir haben ein Gesetz, und nach dem Gesetze muß er sterben, weil er sich selbst zum Sohne Gottes gemacht hat." Als Pilatus dieses Wort hörte, fürchtete er sich noch mehr.

Die sinnbildliche Händewaschung des Pilatus
(Matth. 27, 24–25)

Als nun Pilatus sah, daß er nichts erreichte, sondern daß der Lärm immer noch größer werde, ließ er sich Wasser reichen und wusch sich vor dem Volke die Hände mit den Worten: „Ich bin unschuldig am Blute dieses Gerechten. Seht ihr zu." Da rief das ganze Volk: „Sein Blut komme über uns und unsere Kinder."

Inschrift: Oswalt · Krevsel · V · S · 1593 HK

Der Kreuzweg
(Joh. 19, 16b–17)

So übernahmen sie dann Jesus. Er trug selbst sein Kreuz und ging hinaus zu der sogenannten Schädelstätte, die auf hebräisch Golgotha heißt.

Die Kreuzigung
(Matth. 27, 45–56)

Von der sechsten Stunde bis zur neunten ward eine Finsternis über das ganze Land. Um die neunte Stunde rief Jesus mit lauter Stimme: „Eli, Eli, lema sabachthani", das heißt: „Mein Gott, mein Gott, warum hast du mich verlassen?" *(Ps. 21,2.)* Einige von den Umstehenden, die das hörten, sagten: „Er ruft den Elias!" Und sogleich lief einer von ihnen hin, nahm einen Schwamm, füllte ihn mit Essig, steckte ihn an ein Rohr und gab ihm zu trinken. Die übrigen aber sagten: „Laß doch, wir wollen sehen, ob Elias kommt, ihn zu erretten." Jesus aber rief abermals mit lauter Stimme und gab den Geist auf. Und siehe, der Vorhang des Tempels zerriß von oben bis unten in zwei Stücke, die Erde bebte, die Felsen spalteten sich, die Gräber öffneten sich, und viele Leiber der entschlafenen Heiligen standen auf. Sie gingen aus den Gräbern hervor und kamen nach seiner Auferstehung in die Heilige Stadt und erschienen vielen. Der Hauptmann aber und seine Leute, die bei Jesus die Wache hatten, erschraken sehr, als sie das Erdbeben sahen und die Vorgänge und sagten: „Wahrhaftig, Gottes Sohn war dieser!" Es waren aber dort zahlreiche Frauen, die von ferne zuschauten; sie waren Jesus von Galiläa her gefolgt, um ihm zu dienen. Unter ihnen war Maria Magdalena und Maria, die Mutter des Jakobus und des Joseph, und Salome, die Mutter der Zebedäussöhne.

Die Grablegung
(Matth. 27, 57–61)

Als es Abend wurde, kam ein reicher Mann aus Arimathäa namens Joseph, der auch ein Jünger Jesu geworden war. Der ging zu Pilatus und bat um den Leichnam Jesu. Pilatus befahl, ihn auszuliefern. Joseph nahm nun den Leichnam, wickelte ihn in reine Leinwand, legte ihn in ein neues Grab, das er für sich selbst in einen Felsen hatte aushauen lassen, wälzte einen großen Stein vor den Eingang des Grabes und ging fort. Maria Magdalena und die andere Maria blieben dort und setzten sich dem Grabe gegenüber.

Christus in der Vorhölle

Für nebenstehende, ikonographisch höchst interessante Darstellung gibt es kein direktes Bibelzitat. Da die Auferstehung Christi erst 40 Stunden nach seinem Kreuzestod erfolgte, beschäftigte man sich schon sehr bald mit der Frage, wo seine Seele verblieb, während sein Leib im Grabe lag. Die nicht weiter ausgeführte Bemerkung des 1. Petrusbriefes (3, 19f.), Christus habe den „Geistern im Gefängnis" gepredigt, wird im apokryphen Nikodemusevangelium zu einer breit erzählten Szene entfaltet, die in der Kunst, entsprechend dem Apostolischen Glaubensbekenntnis: „Abgestiegen in die Hölle", als „Höllenfahrt Christi" bezeichnet wurde. Tatsächlich ist hier jedoch nie die Hölle als der Ort der endgültigen Verdammung, sondern vielmehr immer das Totenreich, der *Limbus patrum*, auch Abrahams Schoß genannt, gemeint gewesen. Jener Aufenthaltsort der verstorbenen Gerechten des Alten Bundes vor dem Kommen Christi.

Anklänge an eine bestimmte Szene am berühmten „Handelnden Kreuz" in der Pfarrkirche von Thörl-Maglern sind nicht zu übersehen. Das Fresko wurde um 1475 von Meister Thomas von Villach geschaffen.

Wappen: Cobenzl

Die glorreiche Auferstehung
(Matth. 28, 2–4)

Da entstand plötzlich ein starkes Erdbeben. Ein Engel des Herrn stieg nämlich vom Himmel herab, trat hinzu, wälzte den Stein fort und setzte sich darauf. Sein Aussehen war wie ein Blitz und sein Gewand weiß wie der Schnee. Aus Furcht vor ihm zitterten die Wächter und waren wie tot.

Christi Himmelfahrt

Die elf Jünger gingen nach Galiläa auf den Berg, den Jesus ihnen genannt hatte. Und als sie Jesus sahen, fielen sie vor ihm nieder. Einige aber hatten Zweifel. Da trat Jesus auf sie zu und sagte zu ihnen: „Mir ist alle Macht gegeben im Himmel und auf der Erde. Darum geht zu allen Völkern und macht alle Menschen zu meinen Jüngern; tauft sie auf den Namen des Vaters und des Sohnes und des Heiligen Geistes und lehrt sie, alles zu befolgen, was ich euch geboten habe. Seid gewiß: Ich bin bei euch alle Tage bis zum Ende der Welt."

Und da er solches gesagt, ward er aufgehoben zusehends, und eine Wolke nahm ihn vor ihren Augen weg. Und als sie ihm nachsahen, wie er gen Himmel fuhr, siehe, da standen bei ihnen zwei Männer in weißen Kleidern, welche auch sagten: „Ihr Männer von Galiläa, was stehet ihr und sehet gen Himmel? Dieser Jesus, welcher von euch ist aufgenommen gen Himmel, wird so kommen, wie ihr ihn habt gen Himmel fahren sehen."

Die Herabkunft des Hl. Geistes
(Apg. 2, 1–8)

Und als der Tag der Pfingsten erfüllt war, waren sie alle beieinander an *einem* Ort. Und es geschah plötzlich ein Brausen vom Himmel wie eines gewaltigen Windes und erfüllte das ganze Haus, da sie saßen. Und es erschienen ihnen Zungen, zerteilt wie von Feuer; und er setzte sich auf einen jeglichen unter ihnen, und sie wurden alle voll des heiligen Geistes und fingen an zu predigen in andern Zungen, wie der Geist ihnen gab auszusprechen. Es waren aber Juden zu Jerusalem wohnend, die waren gottesfürchtige Männer aus allerlei Volk, das unter dem Himmel ist. Da nun diese Stimme geschah, kam die Menge zusammen und wurde bestürzt; denn ein jeder hörte sie in seiner eigenen Sprache reden. Sie entsetzten sich aber, verwunderten sich und sprachen: „Siehe, sind nicht diese alle, die da reden, aus Galiläa? Wie hören wir denn ein jeglicher seine Sprache, darin wir geboren sind?"

Das Weltgericht
(Matth. 25, 31–33)

Wenn der Menschensohn in seiner Herrlichkeit kommt und alle Engel mit ihm, dann wird er sich auf den Thron seiner Herrlichkeit setzen. Alle Völker werden vor ihm versammelt werden. Er wird sie voneinander scheiden, wie der Hirt die Schafe von den Böcken scheidet. Die Schafe wird er zu seiner Rechten stellen, die Böcke zu seiner Linken.

Wappen: Jochner von Aich und Prägrad

Inhaltsverzeichnis

Vorwort 5
Einführung 6
Der Maler und sein Werk (Selbstporträt) 10
Übersichtsaufnahme des Tuches 11
Bibeltexte und Bildtafeln 12–93
Inhaltsverzeichnis 94
Bildtafelnverzeichnis 95
Quellenverzeichnis 96

Die Bildtafeln

		Seite			Seite
I/	1 Die Schöpfung (Wappen)	12	IV/	22 Die Speisung der Fünftausend	54
	2 Die Erschaffung des Menschen	14		23 Der Einzug in Jerusalem	56
	3 Der Sündenfall	16		24 Die Tempelreinigung (Wappen)	58
	4 Kain und Abel	18	V/	25 Abendmahl	60
	5 Die Sintflut	20		26 Am Ölberg	62
	6 Noah (Wappen)	22		27 Die Gefangennahme	64
II/	7 Die Opferung Isaaks	24		28 Der Hohe Rat	66
	8 Der Untergang der Ägypter	26		29 Jesus vor Pilatus	68
	9 Die eherne Schlange	28		30 Vor Herodes Antipas	70
	10 Simson	30	VI/	31 Geißelung und Dornenkrönung	72
	11 David und Goliath	32		32 Ecce-Homo	74
	12 Jona	34		33 Die Händewaschung (Signatur)	76
III/	13 Die Verkündigung (Inschrift)	36		34 Der Kreuzweg	78
	14 Die Geburt Jesu	38		35 Die Kreuzigung	80
	15 Die Beschneidung Jesu	40		36 Die Grablegung	82
	16 Die Anbetung	42	VII/	37 In der Vorhölle (Wappen)	84
	17 Der Kindermord	44		38 Die Auferstehung	86
	18 Im Tempel	46		39 Die Himmelfahrt	88
IV/	19 Die Taufe im Jordan (Wappen)	48		40 Die Herabkunft	90
	20 Die Hochzeit zu Kana	50		41 Das Weltgericht (Wappen)	92
	21 Die Versuchung Jesu	52			

Quellenverzeichnis

EMMINGHAUS, Johannes, H.: Fastentuch. In: Reallexikon zur deutschen Kunst. Bd. 7, München 1978, Spalten 826–848. Mit weiterführender Literatur.

HANN, Franz, G.: Das Fastentuch in der Kirche zu Millstatt. In: Carinthia I, 83. Jahrgang, Klagenfurt 1893, Seiten 73 bis 81.

JURASCHEK, Franz (Herg.): Albrecht Dürer – Gemälde, Kupferstiche, Holzschnitte, Handzeichnungen. Wien 1936.

KALT, Gustav: Die Geschichte des Hungertuches. – Zur Sonderausstellung des Schweizer Landesmuseums: „Schweizer Hungertücher". Zürich 1978.

LEITNER, Friedrich W.: Die Inschriften des Bundeslandes Kärnten. 1. Teil. Wien 1982, Seite 139.

LÖW, Josef: Kleiner Gurker Domführer, Klagenfurt 1927².

SCHNEIDER, Johann: Kärntner Fastentücher. In: Heiliger Dienst. Salzburg 1960, Seiten 1 bis 6.

WINKELBAUER, Walter, F.: Der St.-Georgs-Ritterorden Kaiser Friedrichs III. Wien 1949 (masch.-schriftl. Diss.).